Fransızca Öğrenmeyi Seviyorum

Suleyman Turan

Published by Suleyman Turan, 2023.

FRANSIZCA ÖĞRENMEYI SEVIYORUM

First edition. February 21, 2023.

Copyright © 2023 Suleyman Turan.

ISBN: 979-8224139026

Written by Suleyman Turan.

İçerik tablosu

SÜLEYMAN TURAN

FRANSIZCA ÖĞRENMEYİ SEVİYORUM

FRANSIZCA
ÖĞRENMEYİ
SEVİYORUM
BONJOUR
SÜLEYMAN
TURAN

İÇİNDEKİLER

FRANSIZ ALFABESİ

FRANSIZCA, 26 HARFTEN oluşan bir dildir. Fransızca' da sesli harfler "voyelles (vuayel)" a, e, i, o, u, y harfleridir. Diğer 20 harf ise sessiz "consonnes (konson)" dur.

Harflerin okunuşu sözcükte bulunduğu yere göre bazen farklı şekilde telaffuz edilir.

A. Okunuşu: a
B. Okunuşu: be
C. Okunuşu: se
D. Okunuşu: de
E. Okunuşu: ö
F. Okunuşu: ef
G. Okunuşu: je

H OKUNUŞU: AŞ I OKUNUŞU: i

    J Okunuşu: ji

    K Okunuşu: ka

    L Okunuşu: el

    M Okunuşu: em

N Okunuşu: en
O Okunuşu: o
P Okunuşu: pe

A. Okunuşu: küu

B. Okunuşu: er

C. Okunuşu: es

D. Okunuşu: te

E. Okunuşu: ü

F. Okunuşu: ve

G. Okunuşu: dublve

H. Okunuşu: iks

I. Okunuşu: igrek

J. Okunuşu: zed şeklindedir.

Fransızcada, Türkçede karşılığı olmayan "L'article" (le, la) denen tanımlılıklar vardır ve bunlar İngilizce' deki "the" nın yerini tutarlar. Kelimeler masculin ve féminin olarak ikiye ayrılır. Bu ifadelerin tam olarak Türkçc karşılıkları yoktur. Eril ve dişil olarak ifade edilebilirler. Féminin (feminen) yani dişil kelimelerin başında la (la) bulunur. Örnek: la maison (la mezon) :Ev. Masculin (maskülen) kelimelerin başındaysa le (lö) bulunur. Örnek: le chien (lö şien): Köpek. Her ikisinin çoğul hali Pluriel (Plüriyel) les (le) ile yapılır. Örnek: les piscines (le pisin): Havuzlar. Çoğul yapılırken sadece artiklin değil kelimenin sonuna da "s" ilave edilir.

Artikl olayının tam anlamıyla belli bir mantığı olmamakla birlikte Fransızca'da sonu -sion, -tion, -ence,

-rie, -ette, ile biten isimler dişil (féminin)' dir.

ÖRNEKLER:

- Il a trouvé **la** solu**tion** du probléme: Problemin çözümünü buldu. Solution sonu –tion ile biten bir kelimedir ve artikli la'dır.

- J'ai pris **la** déci**sion** d' aller au Japon: Japonya'ya gitme kararı aldım. Décision sonu –sion ile biten bir kelimedir ve artikli la'dır.

Un, Une, Des

Bir, birkaç ifade etmekte kullanılır.

un (en): Eril yani "le" ile başlayan kelimeler için kullanılır.

une (ün): Feminen nesneler/kişiler için kullanılır. Çoğul haller her zaman için "des" olarak ifade edilir. Eril veya dişil (feminen) olması bu kuralı değiştirmez.

un téléphone bir telefon (le téléphone olduğu için
"un" denir)
des téléphones birkaç telefon
une télévision bir televizyon (la télévision olduğu için
"une" denir)
des télévisions birkaç televizyon

FRANSIZCA'DA BAŞLICA OKUNMA KURALLARI:

Fransızca'da belli okunma kuralları vardır. Çok

Istisnai bir kaç durum dışında bu kurallar değişmez.

CH: Ş okunur. Örnek: Chanson şanson Anlamı: ŞARKI

AU: O	Auto	oto	ARABA, OTO
OU: U	Toujours	tujur	DEVAMLI, SÜREKLİ

TCH: Ç Match maç MAÇ PH: F Pharmacie farmasi ECZANE

Y: İ Yves iv BİR ERKEK İSMİ

IN: EN   intelligent entelijan   ZEKİ

IM: EM   Impossible emposibl   İMKANSIZ

AI: E   Pain Pen   EKMEK

EAUX: O   Rideaux Rido   PERDE

EU: Ö Euro Öro EURO

U: Ü Turc Türk TÜRK, TÜRKÇE

NOT: Fransızca'da dil ve milliyet aynı ifade ile söylenir.

Örnek: Anglais (angle) okunur: Anlamı: İNGİLİZ, İNGİLİZCE.

Je suis Anglais: Ben İngilizim.

Je parle Anglais: İngilizce konuşurum.

H: Bu harf Fransızca da okunmaz, görmezden gelinir.

Örnek: Honte (Ont) okunur. Anlamı: Utanç

E: Üzerinde aksan veya şapka varsa (^) normal e okunur. Üzerinde işaret yoksa ö okunur.

Örnek: Trés (tre) okunur. Anlamı: Çok. Europe (örop) okunur. Anlamı: Avrupa.

E kelime sonunda ise ve üzerinde işaret yoksa okunmaz

Örnek: Possible (posibl) okunur. Anlamı: Mümkün, olanaklı.

S: Çift sesli arasında z okunur.

Örnek: Hasard (azar) okunur. Anlamı: Tesadüf.
SS daima s okunur.
Örnek: La classe (la klas) : sınıf

G: Önünde ince sesli varsa j, diğer hallerde g okunur.
Örnek: Le Girafe (lö jiraf) :Zürafa

Gentil (jantiy) : Nazik, kibar.

Le Garçon (lö garson) : 1. Anlamı: Erkek çocuk, 2. Anlamı: Garson

C: Önünde ince sesli varsa s, diger hallerde k okunur. Örnek: La cigarette (la sigaret) : sigara

La cerise (la söriz) : kiraz Le cahier (lö kayye) : defter

ÖNEMLİ BAZI HUSUSLAR:

Fransızca da kelime sonlarında yer alan s,x,t,d,t,e (üzerinde işaret yoksa) gibi harfler okunmaz, yokmuş varsayılır.

Kelime mutlaka başındaki artikl ile beraber öğrenilir.

Bu artikller le (lö), la (la) ve sesli harfle başlayan kelimelerin başında yer alan l'... dir.

ÖRNEK: La bijouterie (la bijutri) : Kuyumcu Le journal (lö jurnal) : gazete

L' ecole (lekol) : okul.

ail: ay okunur. Örnek: Le travail (lö travay) :İş, çalışma

en: an okunur. Örnek: endroit (andrua): Bölge oi :
ua okunur. Örnek: voir (vuar) : Görmek

Ç: s okunur. Örnek: Ça (sa) : Bu

Çift l, y okunur. Örnek: La fille (la fiy): Kız

X: Kelime sonunda okunmaz. Kelime içinde gz gibi okunur. Örnek: Examen (egzamen) : Sınav.

GN: yn gibi okunur. Örnek: La montagne (la montayn) : Dağ

ŞAHIS ZAMİRLERİ:

FRANSIZCA OKUNUŞU TÜRKÇESİ
JE (jö) BEN
TU (tü) SEN
IL (il) O (Erkek için)
ELLE (el) O (Kadın için)
NOUS (nu) BİZ
VOUS (vu) SİZ
ILS (il) ONLAR (Erkek için)
ELLES (el) ONLAR (Kadın için)

NOT: Ayrıca "on" ifadesi "nous" yani biz anlamına gelmektedir. Çekimi ise 3. Tekil şahıs gibi yapılır.

Örnek: Nous mangeons= On mange. Yemek yiyoruz.
Nous sommes là =On est là. Buradayız.

İŞARET SIFATLARI:

BUNLAR, CE, CETTE VE Ces'dir.

Ce, eril tekil işaret sıfatıdır. ÖRNEK: Ce livre: Bu kitap

Ce, ünlü ile başlayan bir kelimelerin önünde cet olur: Cet homme: Bu adam (h harfi okunmaz!)

Cet endroit: Bu bölge

Cette, feminen tekil işaret sıfatıdır:

ÖRNEK: Cette idée: Bu fikir

Cette fille: Bu kız (La fille olduğu için)

Ces, hem eril hem de feminen kelimeler için çoğul işaret sıfatıdır.

Ces livres: Bu kitaplar Ces femmes: Bu kadınlar

RENKLER:

noir   NUAR   siyah

bleu   BLÖ   mavi

brun	BRÖN	kahverengi
gris	GRİ	gri
vert	VER	yeşil
orange	ORANJ	portakal rengi
rouge	RUJ	kırmızı
jaune	JON	sarı
blanc	BLAN	beyaz
violet	VİYOLE	Mor
foncé	FONSE	koyu
clair	KLER	açık

ÖRNEK: J'ai une voiture bleue. Benim mavi bir arabam var. Bleu ifadesinin sonuna "e" eklenmesinin sebebi voiture kelimesinin feminen olmasından kaynaklıdır.

GÜNLER, MEVSİMLER, AYLAR, YÖNLER:

G ÜNLER:
Les Journées de la semaine (le jurne dö la sömen)
Lundi (lendi) Pazartesi

Mardi (mardi) Salı Mercredi (merkrödi) Çarşamba Jeudi (jödi) Perşembe Vendredi (vandrödi) Cuma Samedi (samdi) Cumartesi Dimanche (dimanş) Pazar

Örnek Cümleler:

Il y a sept jours dans une semaine. (Bir haftada yedi gün vardır)

(İL YA SET JUR DAN ZÜN SÖMEN)

Lundi est le premier jour de la semaine. (Pazartesi haftanın ilk günüdür)

(LENDİ E LÖ PRÖMİER JUR DÖ LA SÖMEN)

Nous allons à l'école le lundi. (Pazartesi günleri okula gideriz)

(NU ZALON A LEKOL LÖ LENDİ)

NOT: Günün başına "le" konup ifade edildiğinde her anlamına gelir. Yukarıdaki örnekte belirtildiği gibi "Pazartesi günleri okula gideriz" ifadesi "her Pazartesi okula gideriz" cümlesiyle aynıdır. Ayrıca günlerin hepsi, erildir.

MEVSİMLER:

Printemps (prentan) İlkbahar **Été** (ete) Yaz **Automne** (otom) Sonbahar **Hiver** (iver) Kış

Hangi mevsimde olduğumu söylemek için Mevsim'in başına "en" konur. Yalnız İlkbahar mevsimi için "au Printemps" kullanılır.

Nous sommes en Été (NU SOM ZAN ETE) Yaz mevsimindeyiz.

Nous sommes en Automne (NU SOM ZAN OTON) Nous sommes en Hiver (NU SOM ZAN İVER)

Nous sommes au Printemps (NU SOM O PRENTAN)
İlkbahardayız.

Combien de saisons y a-t-il dans une année? (Bir yılda kaç mevsim vardır?)

(KOMBİYEN DÖ SEZON YATİL DAN ZÜN ANE)

Il y a quatre saisons dans une année. (Bir yılda 4 Mevsim vardır)

(İL YA KATR SEZON DAN ZÜN ANE)

BAZI ÖRNEK CÜMLELER:

Quelle est la saison la plus chaude ? (En sıcak hangi mevsimdir)

(KEL E LA SEZON LA PLÜ ŞOD)

L'été est la saison que je préfère. (Yaz benim en sevdiğim mevsimdir)

(LETE E LA SEZON KÖ JÖ PREFER)

L'hiver est froid, mais j'aime cette saison. (Kış soğuktur, ama ben bu mevsimi seviyorum)

(LİVER E FRUA, ME JEM SET SEZON)

AYLAR:

Ocak = Janvier = Janviye.

Şubat = Février = Fevriye. Mart = Mars = Mars.

Nisan = Avril = Avril. Mayıs = Mai = Me.

Haziran = Juin = Juen. Temmuz = Juillet = Juiye. Ağustos = Août = Ut.

Eylül = Septembre = Septambr Ekim = Octobre = Oktobr Kasım = Novembre = Novambr Aralık = Décembre = Desambr

ÖRNEK: Je serai en vacances au mois de juin. Haziran ayında tatilde olacağım.

YÖNLER:

Nord (nor): Kuzey Sud (süd): Güney Est (est): Doğu Ouest (uest): Batı

ÖRNEK: Je vais à l'ouest. Batıya gidiyorum.

Je viens du Sud. Güneyden geliyorum.

NOT: "de" ismin −den, -dan halidir ve "le" ile birleşince "du" şeklini alır. Yani "de+le=du" olarak formüle edilebilir. Du Sud: Güneyden.

FRANSIZCA'DA SIK KULLANILAN İFADELER:

E vet: Oui (Uİ) Hayır: Non (NO)

Merhaba: Bonjour (BONJUR). Resmi şekilde bir ifadedir.

Merhaba: Salut (SALÜ). Arkadaşlar arasında, samimi olunan kişilere kullanılır.

Günaydın: Bonjour (BONJUR)

İyi akşamlar: Bonsoir (BON SUAR) İyi geceler: Bonne nuit (BON NÜİ)

Nasılsınız? Comment allez-vous? (KOMAN TALE VU)

İyiyim, teşekkür ederim: Bien, merci (BİYEN, MERSİ)

Ya siz? : Et vous? (E VU)

Hoş geldiniz: Bienvenue (BİYENVÖNÜ) İyi günler: Bonne journée (BON JURNE) Hoşça kalın: Au revoir (O RÖVUAR) Görüşürüz: À la prochaine (ALA PROŞEN) Yarın görüşürüz: À demain (A DÖMEN)

Yardımcı olabilir miyim? Je peux vous aider? (JÖ PÖ VU ZEDE)

Lütfen: S'il vous plaît (SİLVUPLE) Teşekkür ederim: Merci (MERSİ) Tamam: D'accord (DAKOR)

Af edersiniz: Excusez-moi! (ESKÜZE MUA)

SAYILAR:

LES NOMBRES (le nombr)

Sayı	Yazılışı	Okunuşu
0	Zéro	Zero
1	Un	En
2	Deux	Dö
3	Trois	Trua
4	Quatre	Katr
5	Cinq	Senk

6	Six	Sis
7	Sept	Set
8	Huit	Vit
9	Neuf	Nöf
10	Dix	Dis
11	Onze	Onz
12	Douze	Duz
13	Treize	Trez
14	Quatorze	Katorz
15	Quinze	Kênz
16	Seize	Sez

17	Dix-sept	Dis set
18	Dix-huit	Diz vit
19	Dix-neuf	Dis nöf

20	Vingt	Ven
21	Vingt et un	Ven te en
22	Vingt-deux	Ven dö
30	Trente	Tırant
31	Trente et un	Tırant e en
32	Trente-deux	Tırant dö
40	Quarante	Karant
50	Cinquante	Senkant
60	Soixante	Suasant
70	Soixante-dix	Suasant dis
80	Quatre-vingts	Katr ven

90	Quatre-vingt-dix	Katr ven dis
100	Cent	San
1000	Mille	Mil
1.000.000	Un million	en milyon

ÖRNEK: 1997 **Mille neuf cent quatre-vingt-dix sept.**

LES NOMBRES ORDINAUX (SIRA SAYILARI)

Sırayı belirtmekte kullanılan "-inci,-uncu" ekleri "ième" ile yapılır. Birinci ifadesi istisnai olarak "premier" olarak ifade edilir.

Yazılışı	Okunuşu	Anlamı
Premier	Prömiyer	Birinci
deuxième	Döziyem	İkinci
Troisième	Truaziyem	Üçüncü
Quatrième	Katriyem	Dördüncü

SAAT SORMA:

Saat kaç? **"Quelle heure est-il ?"** veya **"Il est quelle heure ?"** şeklinde sorulur.

(KEL ÖR E TİL) (İL E KEL ÖR) olarak okunur.

03:05 il est trois heures et cinq (il e trua zör e senk) Saat üçü beş geçiyor

11:15 il est onze heures et quart (il e onz ör e kar) On biri çeyrek geçiyor.

08:30 il est huit heures et demie (il e vit ör e dömi)

Sekiz buçuk

10:35 il est onze heures moins vingt-cinq (il e onz ör moen ven senk) On bire yirmi beş var

03:45 il est quatre heures moins le quart (il e katr ör moen lö kar)

Dörde çeyrek var

12:00

(öğlen) il est midi (il e midi) Saat öğlen on iki

12:00

(akşam) il est minuit (il e minüi) Saat gece yarısı on iki

Örneklerden de anlaşılacağı gibi "moins" var (eksik) anlamına gelir.

Demie: buçuk demektir. 11 h 30: Il est onze heures et demie. (11 buçuk)

Quart: Çeyrek demektir. Yani, 2 h 45:Il est trois heures moins le quart. (3'e çeyrek var.)

GERONDIF:

Türkçe'de "-erek, -arak" karşılığı olarak ifade edilebilir. Fiilin başına "en" kök kısmına ise "ant" eklenerek ifade edilir.

ÖRNEKLER:

Je prends ma douche **en** chant**ant**. Şarkı söyley*erek* duş alıyorum.

Elle écoute de la musique **en** étudi**ant**. Ders çalış**arak** müzik dinliyor.

Il a appris le français **en** regard**ant** des films. Fransızcayı film izley**erek** öğrendi.

NOT: İleriki derslerde fiil çekimleri öğrenildiğinde, konu daha da anlaşılır olacaktır.

İYELİK SIFATLARI VE ZAMİRLERİ

Şahıs zamirleri tümleç olarak kullanıldığında;

	Dolaylı Nesne	Dolaysız Nesne	Dönüşlü
Ben, bana, beni	Me	Me	Me
Sen, sana, seni	Te	Te	Te
O, ona, onu (erkek)	Le	Lui	Se
O, ona, onu (bayan)	La	Lui	

Biz, bize, bizi	Nous	Nous	Nous	Nous
Siz, size, sizi	Vous	Vous	Vous	Vous
Onlar, onlara, onları	Les	Leur	Se	Eux/Elles

İyelik Sıfatları (les adjectifs possessifs)

İyelik sıfatları 4 biçime sahiptir ve 4 unsurla uyum sağlar: Sahip olanların sayısı, Sahip olunanın sayısı, Sahip olunan nesnenin cinsiyeti, Sahip olan kişi

İyelik sıfatı	Eril	dişi	Çoğul
Benim	Mon	ma	Mes
Senin	Ton	ta	Tes
Onun	Son	sa	Ses
Bizim	Notre	notre	Nos
Sizin	Votre	votre	Vos
Onların	Leur	leur	Leurs

ÖRNEKLER:

Son chat (chat: kedi – eril)

Onun kedisi

Mon père

Benim babam

Tes chaussures (ayakkabı - çoğul)

Senin ayakkabıların

Leurs enfants (çocuk – çoğul)

Onların çocukları

Mon ami

Benim arkadaşım

Ma maison

Benim evim

Leur fromage

Onların peyniri

SES UYUMU:

Ses uyumu nedeniyle iyelik sıfatı bir sesli harfle başlayan isimden önce geliyorsa tüm dişil iyelik sıfatları eril olur.

Eril	Dişil	Sesli harf
Mon chat	Ma robe	Mon eau

CHAT'NIN ARTIKLI "LE" olduğu için mon chat demek gereklidir. Robe ise "la" artiklini aldığımdan ma robe diye ifade edilir. Sesli ile başlayan kelimeler ise "le" başlamış gibi eril kabul edilir. Mon eau gibi...

İyelik Zamirleri (Pronoms possessifs)

İyelik zamirleri "iyelik sıfatı + isim" yerine kullanılırlar. Yerine kondukları ismin cinsiyeti ve sayısına uyum gösterirler.

	Tekil		Çoğul	
	Eril	Dişil	Eril	Dişil
Benimki	Le mien (lö miyen)	La mienne (la miyen)	Les miens (le miyen)	Les miennes (le miyen)
Seninki	Le tien (lö tiyen)	La tienne (la tiyen)	Les tiens (le tiyen)	Les tiennes (le tiyen)
Onunki	Le sien (lö siyen)	La sienne (la siyen)	Les siens (le siyen)	Les siennes (le siyen)

Bizimki	Le nôtre (lö notr)	La nôtre (la notr)	Les nôtres (le notr) Bizimkiler
Sizinki	Le vôtre (lö votr)	La vôtre (la votr)	Les vôtres (le votr) Sizinkiler
Onlarınki	Le leur (lö lör)	La leur (la lör)	Les leurs (le lör) Onlarınkiler

LE CHAT DE FATMA FATMA'NIN kedisi; Le sien Onunki
Votre livre. le vôtre. Sizin kitabınız. Sizinki
Notre maison. la nôtre. Bizim evimiz. Bizimki.
ÖRNEK: Ce livre est à moi. Bu kitap benim. C'est mon livre. Bu benim kitabım. C'est le mien: Bu benimki.

FRANSIZCA'DA ZAMANLAR:

F ransızca' da 18 zaman olmakla birlikte, günlük hayatta en çok kullanılanların dilimizde karşılıkları şu şekildedir:

1. Présent: Şimdiki Zaman (=geniş zaman)
2. Futur Proche: Yakın Gelecek Zaman
3. Futur Simple: Basit (uzak) Gelecek Zaman
4. Passé Récent: Yakın Geçmiş Zaman
5. Passé Composé: Di'li Geçmiş Zaman (uzak geçmiş)
6. Imparfait: Geçmişte devamlılık zamanı (yapıyordum, seyrediyordum vs.)
7. Plus-Que-Parfait: Bileşik Geçmiş Zaman

ÖNEMLİ NOT: Yukarıda belirtildiği gibi, Présent hem şimdiki hem de geniş zaman için kullanılır. Çekimi üzerinde ayrıca durulacaktır. Kısa bir örnek vermek gerekirse: Je parle: Konuşuyorum, konuşurum. Her iki anlama da gelir.

Fransızca' da fiiller, 3 grup olarak adlandırılır.1 ve 2.

Grup fiillerin belli çekim kuralları olsa da, 3. grup fiiller ortak bir kural içermeyen düzensiz fiillerden oluşmaktadır.

Öncelikle 1. ve 2. grubun ortak kuralları üzerinde duralım (présent için):

Sonu –er ile biten 1. grup filler: -e, -es, -e, -ons, -ez, -ent (Fiil kökü bulunduktan sonra kullanılacak eklerdir)

NOT: Aller, envoyer, placer, manger gibi fiillerde genel kurala uyumsuzluk ve bazı değişiklikler olduğu

unutulmamalıdır.

Présent Zamanı Fiil Çekimi:

Parler (Konuşmak) Okunuşu: Parle

Je parle (Konuşuyorum=konuşurum) **Jö parl**

Tu parles **Tü parl**

Il/Elle parle **il (el) parl**

Nous parlons (=on parle olarak da ifade edilebilir.)

Vous parlez **vu parle**

Ils/Elles parlent **il (el) parl**

Dikkat edilirse fiilden –er takısı atıldıktan sonra "parl"
kökü bulunmuş. -e, -es, -e, -ons, -ez, -ent ekleriyle çekimi
yapılmıştır.

ÖRNEK: Je parle Anglais: İngilizce konuşuyorum
(=konuşurum)

Sonu ir ile biten 2. grup fiiller için: -is, -is, -it, -issons, - issez,
-issent ekleri kullanılır.

Fransızca düzenli fiil çekimlerinde istisnalar
bulunmaktadır. Yine de ortak bir kural çerçevesinde büyük
oranda çekilmeleri olanaklıdır.

Finir (Bitirmek)

Je fin**is** Bitiriyorum Jö fini

Tu finiş Tü fini

Il/Elle fin**it** il (el) fini

Nous fin**issons** nu finison

Vous fin**issez** vu finise

Ils/Elles fin**issent** il (el) finis

3. grup yani düzensiz fiiller ise –ir,-re ve -oir ile bitenlerdir.
Présent'taki örnekleri şu şekildedir:

Etre (Olmak)

Je suis (jö süi)

Tu es (tü e)

Il/ Elle est (il / el e)

Nous sommes (nu som)

Vous êtes (vu zet)

Ils /Elles sont (il/ el son)

ÖRNEK: Je suis étudiant. Ben öğrenciyim. **Elle est chanteuse.** 0 (bayan) şarkıcıdır. (el e şantöz)

NOT: Eğer cümleyi eril olarak ifade etmek gerekseydi, **Il est chanteur**, demek gerekirdi. O (adam) bir şarkıcıdır, anlamında.

Avoir (Sahip olmak)

J'ai (je)

Tu as (tü a)

Il/ Elle a (il/el a)

Nous avons (nu zavon)

Vous avez (vu zave)

Ils/ Elles ont (il/el zon)

ÖRNEK: **J'ai une voiture rouge.** Benim kırmızı bir arabam var (kırmızı bir arabaya sahibim).

NOT: 3. grup fiiller kuralsız olduklarından çekimlerini ezberlemek gerekir. Ayrıca kırmızı araba ifadesinde sıfatın (rouge)

isimden sonra söylendiği ve Türkçe ile birebir uyumlu olmadığı görülmektedir. Başka bir örnek vermek gerekirse;

Une maison bleue: Mavi bir ev.

(ün mezon blö)

SIK KULLANILAN FİİLLERİN ÇEKİMLERİ:

Vouloir (İstemek) :

Je veux, tu veux, il veut, nous voulons, vous voulez, ils veulent *(jö vö, tü vö, il vö, nu vulon, vu vule, il völ)* Okunur. ÖRNEK: Je veux manger. Yemek yemek istiyorum. **Pouvoir** (-e bilmek, Muktedir Olmak):

Je peux, tu peux, il peut, nous pouvons, vous pouvez, ils peuvent

(jö pö, tü pö, il pö, nu puvon, vu puve, il pöv) Okunur.

ÖRNEK: Je peux chanter. Şarkı söyleyebilirim.

Devoir (-meli, malı):

Je dois, tu dois, il doit, nous devons, vous devez, ils doivent

(jö dua, tü dua, il dua, nu dövon, vu döve, il duav) Okunur.

ÖRNEK: Je dois partir. Gitmeliyim.

Savoir (Bilmek):

Je sais, tu sais, il sait, nous savons, vous saves, ils savent

(jö se, tu se, il se, nu savon, vu save, il sav) Okunur.

ÖRNEK: Je sais nager. Yüzmeyi bilirim. (jö se naje)

Prendre (Almak):

Je prends, tu prends, il prend, nous prenons, vous prenez, ils prennent

ÖRNEK: Je prends quelques jours de congé. Birkaç gün izin alıyorum.

Apprendre (Öğrenmek):

J'apprends, tu apprends, il apprend, nous apprenons, vous apprenez, ils apprennent

ÖRNEK: J'apprends le Japonais. Japonca öğreniyorum.

Comprendre (Anlamak):

Je comprends, tu comprends, il comprend, nous comprenons, vous comprenez, ils comprennent

ÖRNEK: Je vous comprends. Sizi anlıyorum.

Dire (Söylemek):

Je dis, tu dis, il dit, nous disons, vous dites, ils disent ÖRNEK: Je te dis la vérité. Sana gerçeği söylüyorum. **Lire** (Okumak):

Je lis, tu lis, il lit, nous lisons, vous lisez, ils lisent ÖRNEK: Il lit beaucoup. O çok okur.

Écrire (Yazmak):

J'écris, tu écris, il écrit, nous écrivons, vous écrivez, ils écrivent

ÖRNEK: J'écris un bouquin. Bir kitap yazıyorum.

1. Futur Proche-Yakın Gelecek Zaman

Yakın zamanda gerçekleşecek bir eylemi ifade ederken aller (gitmek) fiilinin présent çekimiyle yapılmak istenen eylemin mastar hali birlikte kullanılır.

Bu zamanı öğrenebilmek için öncelikle "aller" fiilinin çekimini öğrenmemiz gerekir. Bu fiil, sonu –er ile

bitmesine rağmen kurallı değildir ve tamamen
düzensizdir. Aller fiilinin Présent çekimini şu şekildedir. Je
vais (Jö ve)

Tu vas (Tü va) Il/Elle va (il/el va)

Nous allons (Nu zalon) Vous allez (vu zale)

Ils/ Elles vont (il/el von)

ÖRNEK: Chanter (Şante): Şarkı söylemek Je vais chanter:
Şarkı söyleyeceğim.

Tu vas chanter

Il va chanter

Nous allons chanter Vous allez chanter Ils vont chanter

1. Futur Simple- Basit Gelecek Zaman

Şimdiki zamanda olduğu gibi çekimi 3 gruba göre yapılır.
Yalnız, her grup için bitiş aynıdır. Tabloda hangi şahıs zamirine
karşılık hangi ekin kullanılacağı belirtilmiştir.

Je **Ai**
Tu **As**
il / elle **A**
Nous **Ons**
Vous **Ez**
ils / elles **Ont**

1. Grup Fiiller (-er)

PARLER – konuşmak

Je parlerai Konuşacağım jö parlöre Tu parleras

Il/elle parlera Nous parlerons Vous parlerez Ils/elles parleront

1. Grup Fiiller (-ir)

Finir – Bitirmek

Je finirai Tu finiras Il/elle finira

Nous finirons Vous finirez Ils/elles finiront

1. Grup Fiiller (-re)

Mastar halindeki fiilin sonundaki "e" düşürülür ve çekim eki eklenir.

Prendre– Almak

Je prendrai jö prandre

Tu prendras Tü prandra Il/elle prendra il (el) prandra Nous prendrons nu prandron Vous prendrez vu prandre Ils/ elles prendront il (el) prandron

Düzensiz Fiiller – Kökü değişen fiiller

être – Olmak Fiil kökü "ser" olarak alınır.

Je serai Olacağım. Jö söre Tu seras Tü söra

Il/elle sera il (el) söra

Nous serons nu söron Vous serez vu söre

Ils/elles seront il (el) söron

Avoir – Sahip olmak

J'aurai Sahip olacağım. jore Tu auras Tü ora

Il/elle aura il (el) ora

Nous aurons nu zoron

Vous aurez vu zore

Ils/elles auront il (el) zoron

Aller – Gitmek Fiil kökü "ir" olarak düşünülebilir. J' irai Gideceğim. jire

Tu iras Tü ira

Il/elle ira il (el) ira

Nous irons nu ziron

Vous irez vu zire

Ils/elles iront il (el) ziron

1. Passé Récent: Yakın Geçmiş Zaman

Kısaca "venir + de + esas fiilin mastarı" olarak ifade edilebilir. Yani gelmek fiilinin şimdiki zamanda çekimi yapılır "de" ve esas fiilin mastar hali eklenir. Bu zamanı öğrenebilmek için öncelikle venir (gelmek) fiilinin şimdiki zamandaki çekimini görelim:

Venir: Je viens, Tu viens, Il vient, Nous venons, Vous venez, Ils viennent

ÖRNEK: Je viens de manger: Yemek yedim (az önce). (jö vien dö manje)

1. Passé Composé: Di'li Geçmiş Zaman (uzak geçmiş)

Passé composé çekimi yapılırken, bazı fiiller için yardımcı olarak avoir bazıları için être kullanır. Daha doğrusu être ile çekilenleri öğrenip, gerisinin avoir ile çekildiğini bilmek yeterlidir. Yardımcı fiilin şimdiki

zamanda çekimine asıl fiilin participe passé hali ilave edilir.

Etre ile çekilen fiiller:

Fiil Geçmiş Hali Anlamı
    Devenir Devenu Olmak
Revenir Revenu Geri gelmek
Monter Monté Tırmanmak
Rester Resté Durmak
Sortir Sorti Dışarı çıkmak
Venir Venu Gelmek
Aller Allé Gitmek
Naître Né Doğmak
Descendre descendu İnmek
Entrer Entré Girmek
Rentrer Rentré Dönmek (Eve)
Tomber Tombé Düşmek
Retourner retourné Dönmek
Arriver Arrivé Varmak
Mourir Mort Ölmek
Partir Parti Ayrılmak
Passer Passé Geçmek, Uğramak
ÖRNEKLER:
Avoir yardımcı fiiline örnek:
-J'ai mangé (Je mange): Yemek yedim. Kurallı fiilin participe passé hali oldukça kolaydır. Manger, mangé halini almaktadır. Sondaki "e" nin üzerinde aksan

olduğunda mutlaka telaffuz edilmelidir. Etre yardımcı fiiline örnek:

-Je suis sorti (jö süi sorti): Çıktım.

NOT: Çift zamirli fiiller başına "se" alır ve daima "etre" ile çekilir.

ÖRNEK: Se laver: Yıkanmak, kendini yıkamak. Ils se sont lavés: Onlar yıkandılar.

Çift zamirli fiillerin çekimi aşağıdaki gibidir:

JE + ME + FIIL (ZAMANA göre çekimi değişir) Tu te Il/elle se Nous nous Vous vous Ils/elles se

ÖRNEK: Je me lave: Yıkanıyorum.

1. Imparfait (Şimdiki zamanın hikayesi)

Geçmiş zamanda sürekli bir olayı ya da bir süre devam
etmiş bir durumu, bir alışkanlığı, tamamlanmamış bir
eylemi ifade ederken kullanılan zamandır.

Olayın başlangıç ya da bitiş zamanı belirtilmez. Çekim
ekleri: -ais, -ais, -ait, ions, -iez, -aient dir. Fiil köklerine bu ekler
eklenir.

Sonu –er ile biten kurallı fiillerde çekim: Demander - Sormak

Je demandais Soruyordum
   Tu demandais Soruyordun
   Il/elle demandait Soruyordu
   Nous demandions Soruyorduk
   Vous demandiez Soruyordunuz Ils/elles demandaient Soruyorlardı

Sonu –ir ile biten fiillerde çekim: Choisir - Seçmek

Je choisissais Seçiyordum
Tu choisissais Seçiyordun
Il choisissait Seçiyordu Nous choisissions Seçiyorduk Vous choisissiez Seçiyordunuz Ils choisissaient Seçiyorlardı

Sonu –re ile biten fiilerde çekim:

R **endre** – Geri vermek
Je rendais Geri veriyordum.
Tu rendais Geri veriyordun.

Il/elle rendait Geri veriyordu. Nous rendions Geri veriyorduk. Vous rendiez Geri veriyordunuz. Ils/elles rendaient Geri veriyorlardı.

1. Plus-Que-Parfait: Bileşik Geçmiş Zaman

Bileşik bir zaman olan plus-que-parfait iki kısımdan oluşur:

1. Yardımcı fiilin (avoir / être) imparfait hali (sürekli geçmiş zaman, geçmiş zamanın hikayesi)
2. Ana fiilin geçmiş zaman sıfat fiil hali (participe passé)
    Il n'avait pas mangé avant de faire ses devoirs.

Ödevini yapmadan önce yemek yememişti.
Quand tu as téléphoné, j'étais déjà sorti. Sen aradığında, çoktan ayrılmıştım.

Bu zamanı öğrenebilmek için yardımcı fiillerin Imparfait
halini öğrenmek şarttır. Avoir Imparfait
J'avais Tu avais
Il/elle avait Nous avions Vous aviez Ils/elles avaient
Etre Imparfait
J'étais
Tu étais
Il était
Nous étions
Vous étiez
Ils étaient

"Avoir" ile Birlikte Kullanılan Önemli İfadeler:

Avoir Froid: Üşümek Örnek: J'ai froid (Je frua): Üşüyorum.

Avoir Chaud: Sıcaklamak

Avoir Faim: Acıkmak Örnek: J'ai faim (Je fen): Acıktım.

Avoir Soif: Susamak

Avoir ... ans: Yaşında olmak. Örnek: J'ai 20 ans (Je ven tan): Yirmi yaşındayım.

Birine yaşını sorarken ise şu ifade kullanılır: Quel âge avez-vous? Kaç yaşındasınız? İlgili kişiyle samimiysek "quel âge as-tu?" şeklinde sorabiliriz. Bu ifade "kaç yaşındasın?" anlamına gelir.

EDATLAR (Les Prépositions)

à

İsmin -e,-a,-de, -da halini

ifade eder.

à + le = au olurken; à la ifadesinde bir değişim olmaz.

ÖRNEKLER: -Je vais au cinéma: Sinemaya

gidiyorum. Cinéma'nın artikli le olduğundan au cinéma demek zorundayız. Sinemaya anlamında.

-Je vais à la boutique: Butiğe gidiyorum. à la bir araya geldiğinde bir değişim olmaz. Butiğe gidiyorum anlamında...

Après

Sonra
ÖRNEK: Après-midi:
Öğleden sonra

Avant

Önce
ÖRNEK: Avant tout:

Öncelikle, her şeyden önce

Contre

Karşı, -e karşı.
ÖRNEK: La lutte contre le tabac:
Tütüne karşı (=tütünle) Mücadele.

Dans

İçinde
ÖRNEK: Dans la vie:
Hayatta.

Depuis

-den beri
ÖRNEK: Je travaille depuis sept heures:
Saat yediden beri çalışıyorum.
(jö travay döpüi set
ör)

En

-de, içinde
ÖRNEK: En classe: Sınıfta.

Entre

Arada, arasında
ÖRNEK: Entre nous:
Aramızda.

Envers

Doğru, -e doğru.
ÖRNEK: Envers toi: Sana

doğru.

Environ

Aşağı yukarı, yaklaşık olarak.

ÖRNEK: **Il y a environ deux ans:** Yaklaşık iki yıl önce.

Par

-den, -de, ile tarafından

ÖRNEK: **Regarder par la fenêtre:** Pencereden dışarıya bakmak.

Pendant

Sırasında, esnasında

ÖRNEK: **Pendant la nuit:**

Gece boyunca

Pour

İçin

ÖRNEK: **C'est pour toi:** Bu senin için.

Sauf

Hariç

ÖRNEK: **Sauf moi:** Ben hariç.

Sous

Altında

ÖRNEK: **Sous chef:** Şefin

altında (astı olarak) çalışan yardımcısı...

SUR Üzerinde, üstünde

ÖRNEK: Sur la table:

Masanın üzerinde.

De İsmin -den/dan hali:

de + le = du

olur.

de + les =

des olur.

Örnek: Je viens du cinéma. Sinemadan geliyorum.

EMİR KİPİ YAPMA:

Emir kipi yapmak için, fiil şimdiki zamanda çekilir. Şahıs zamiri atılır ve kalan kısım emir ifadesi olarak kullanılır. Örnek: Tu manges: Sen yemek yiyorsun. **Manges!** ifadesi tek başına kullanıldığında emir kipi yapılmış olur. **Ye!** Anlamına gelir.

OLUMSUZ CÜMLE
KURULUMU:

Fiil "**ne.......pas**" arasına alınarak yapılır. Nö...pa olarak okunur. ÖRNEK: Je sais nager: Yüzmeyi bilirim. Je **ne** sais **pas** nager: Yüzmeyi bilmem.

(jö nö se pa naje)

ÖRNEK: Je suis triste: Üzgünüm Je **ne** suis **pas** triste: Üzgün değilim.

(jö süi trist) (jö nö süi pa trist)

KIYASLAMA İFADELERİ: PLUS .... QUE : -Den çok
(plüs kö)

MOINS ... QUE: -Den az
(Moen kö)

AUSSI ... QUE: Kadar (Osi kö)

ÖRNEKLER:

Elle est **plus** élégante **que** Sude. O Sude' den daha zariftir.

Fatma est **moins** curieuse **qu'**Ayşe Fatma, Ayşe'den daha az meraklıdır.

Mehmet est **aussi** travailleur **que** moi. Mehmet benim kadar çalışkandır.

SORU İFADELERİ / LES MOTS INTERROGATIFS

Yazılışı : Qui? Okunuşu: Ki Anlamı: Kim?

ÖRNEK: Qui est Mehmet? Mehmet kimdir?

Yazılışı: Que? Quoi? Okunuşu: kö, kua?
Anlamı: Ne?
ÖRNEK: A quoi penses tu? Ne düşünüyorsun?

YAZILIŞI : QUAND
Okunuşu : Kan
Anlamı: Ne zaman? ÖRNEK: Quand es-tu parti? Ne zaman ayrıldın?

Yazılışı : Pourquoi? Okunuşu : Purkua Anlamı: Neden? Niçin?

ÖRNEK: Pourquoi vas-tu à la boutique? Neden butiğe gidiyorsun?

Yazılışı: Où Okunuşu: U

Anlamı: Nereye, Nereden?

ÖRNEK: Où vas tu? Nereye gidiyorsun? Où es tu? Neredesin?

Yazılışı : Combien? Okunuşu : Kombiyen

Anlamı: Ne kadar?

ÖRNEK: Combien ça coûte? Fiyatı ne kadar?

Yazılışı: Comment? Okunuşu: Koman Anlamı: Nasıl?

ÖRNEK: Comment ça va? Nasıl gidiyor? Nasılsın(ız)?

Yazılışı: Combien de temps? Okunuşu: Kombiyen dö tan Anlamı: Ne kadar zaman?

ÖRNEK: Tu vas rester combien de temps? Ne kadar zaman kalacaksın?

Yazılışı: Avec qui? Okunuşu: Avek ki Anlamı: Kiminle?

ÖRNEK: Avec qui tu travailles? Kiminle çalışıyorsun?

NOT: Soru ses tonuyla sorulabileceği gibi öznenin yeri değiştirilerek de sorulabilir. Avec qui travailles-tu? şeklinde de ifade edilebilir.

Yazılışı: Qu'est-ce que c'est? Okunuşu: Kesköse
Anlamı: Bu nedir?
Yazılışı: Qu'est-ce que Okunuşu: Keskö Anlamı: Ne?
ÖRNEK: Qu'est-ce que tu veux ? Ne istiyorsun?
Yazılışı: Qui est-ce? Okunuşu: Ki es Anlamı: Bu kimdir?
Yazılışı: Quel? Quelle? Okunuşu: Kel
Quel - eril/tekil Quels - eril/çoğul
Quelle - feminen/tekil Quelles - feminen/çoğul

Anlamı: Hangi? Ne?

Örnek: Quel est ton nom? Adın ne?

Yazılışı: A qui? Okunuşu: A ki Anlamı: Kimin?

ÖRNEK: À qui est cette voiture? Bu araba kimin?

Yazılışı: Chez qui? Okunuşu: Şe ki?

Anlamı: Kimin yanında, nezdinde?

Chez qui travailles tu? Je travaille chez le docteur. Kimin yanında çalışıyorsun? Doktorda çalışıyorum.

Yazılışı: En Quoi? Okunuşu: An kua?

Anlamı: Nedendir, Neden yapılmıştır?

ÖRNEK: En quoi est la porte de la maison? Elle est en bois.

Evin kapısı neden yapılmıştır? Tahtadan yapılmıştır.

Yazılışı: Est-ce-que Okunuşu: Eskö

Anlamı: Bir şeyin olup olmadığını sormakta ifade edilir. Qu'est-ce que ise bir şeyin ne olduğunu sormakta kullanılır. İki ifade arasındaki farka dikkat etmek gerekir.

ÖRNEKLER:

-Est-ce qu' il joue au football? O futbol oynar mı?

-Est-ce que tu travailles? Çalışıyor musun?

-Est-ce qu'il y a des problèmes? Sorun var mı?

ZAMAN ZARFLARI:

Hier: Dün. Hier soir, je me suis couché tard. Dün akşam geç yattım.

Aujourd'hui: Bugün. Aujourd'hui, je vais manger chez moi. Bugün evde yemek yiyeceğim.

Demain: Yarın. Demain, Mehmet viendra me voir. Yarın, Mehmet beni görmeye gelecek.

Bientôt: Yakında. A bientôt! Yakında görüşmek üzere! Souvent: Sık sık. Ali boit souvent. Ali, sık sık içer.

Toujours: Devamlı, Her zaman. Il est toujours ici. O her zaman burada.

Tôt: Erken. Hier soir, je me suis couché tôt. Dün akşam erken yattım.

Tard: Geç. Ce matin, Fatma est arrivée tard. Fatma bu sabah geç geldi.

Enfin: Nihayet. Enfin, il est là! O nihayet burada!

Tantôt: Bazen, bazen. Il est tantôt à İstanbul, tantôt à Ankara. O bazen İstanbul'da bazen Ankara'da.

Longtemps: Uzun zaman. Je resterai longtemps à New York. New York'ta uzun zaman kalacağım.

Jamais: Asla. Je ne suis jamais allé au Japon. Japonya'ya hiç gitmedim.

ETKEN VE EDİLGEN FİİLLER:

A imer: Sevmek Etre aimé: Sevilmek

ÖRNEK: La mère aime son enfant. Anne çocuğunu sever.

L'enfant est aimé par la mère: Çocuk annesi tarafından sevilir.

NOT: "Par" ifadesinin tarafından, vasıtasıyla anlamlarına geldiği unutulmamalıdır. Edilgen biçimde "etre" yardımcı fiilinin şimdiki zamanını esas fiilin *participe passé* hali takip eder.

HAVA DURUMU İFADELERİ:

Fransızca'da **hava durumu (la météo / le temps)** çok sık kullanılan kalıplarla anlatılır. Hava nasıl? Şeklinde soru sormak için **Quel temps fait-il?** İfadesi kullanılır. Sorunun yanıtı üçüncü tekil şahısla ifade edilir.

Faire chaud: Sıcak olmak. Il fait chaud. Hava sıcak.

Faire froid: Soğuk olmak. Il fait froid. Hava soğuk.

Faire frais: Serin olmak. Il fait frais. Hava serin. Neiger: Kar yağmak. Il neige. Kar yağıyor.

Pleuvoir: Yağmur yağmak. Il pleut. Yağmur yağıyor.

İLGİ ZAMİRLERİ:

Bir ismin yerini tutarlar.

QUE: Bu ifadeyi anlamak için örnek bir cümlede kullanmak yerinde olur.

-LA VILLE EST MERSIN. Şehir Mersin'dir.

-Vous voyez cette ville. Şehri görüyorsunuz.

Cümlenin birleşik hali: La ville **que** vous voyez est Mersin. Gördüğünüz şehir Mersin'dir.

CE QUE:

Je comprends **ce que** tu lui dit en Anglais: Ona İngilizce dediklerini anlıyorum.

TOUT CE QUE:

Il comprend **tout ce que** vous dites. O tüm söylediklerinizi anlıyor.

QUI:

La fille qui vient du cinéma est ma cousine. Sinemadan gelen kız, kuzinimdir.

OU: Yer bildiren bir ilgi zamiridir.

Örnek: Je ne sais pas **où** elle habite. Onun nerede oturduğunu bilmiyorum.

DONT: Ancak örnekler yardımıyla anlaşılabilecek bir ilgi zamiridir. Türkçe karşılığı olarak "-ki onun" şeklinde düşünülebilir.

Örnek: 1-Je veux acheter la maison. Ev satın almak istiyorum. 2-Les fenêtre de cette maison sont vertes. Bu evin pencereleri yeşildir. Cümlenin "dont" ifadesi kullanılarak birleşik hali: Je veux acheter la maison **dont** les fenêtre sont vertes. Pencereleri yeşil olan evi satın almak istiyorum.

QUOI:

-Le frigo est en panne. Buzdolabı arızalıdır.

-On garde le miel dans ce frigo. Balı buzdolabında saklarız.

-Le frigo dans **quoi** on garde le miel est en panne. İçinde bal sakladığımız buzdolabı arızalıdır.

MİKTAR BELİRTME İFADELERİ:

Aşağıda belirtilecek ifadeler, yiyecek içecek ve sayılması olanaksız sözcüklerin önüne gelir.

DE+LE= DU DE+LA= DE LA DE+L'= DE L' DE+LES= DES ÖRNEKLER:

Le pain: Ekmek, ekmeğin tümü, bütünü. Du pain: Bir miktar ekmek, ekmekten bir parça. Je mange du pain (jö manj dü pen): Ekmek yiyorum, bir parça ekmek

yiyorum anlamında.

La viande: Et. De la viande: Etten bir parça. Il mange de la viande. O et yiyor.

L'essence: Benzin. De l'essence. Bir miktar benzin. Mon père achète de l'essence. Babam benzin satın alıyor.

Les fruits: Meyveler. Des fruits: Bir miktar meyve. J'achète des fruits. Meyve satın alıyorum.

İSİM TAMLAMASI:

Türkçe'de bir şeyin bir şeye veya kişiye ait olduğunu gösteren sözcük grubuna isim tamlaması denir. İsim tamlaması kendi içinde belirtili ve belirtisiz olarak ikiye ayrılır. Fransızca'da tamlama "de" takısı yardımıyla yapılır.

De+la= de la De+le= du olarak ifade edilir.

ÖRNEK: La porte: Kapı La maison: Ev La porte de la maison: Evin kapısı (belirtili isim tamlaması). Şayet "la porte de maison" denirse, ev kapısı anlamına gelir ve belirtisiz isim tamlaması olur.

Le sac du docteur: Doktorun çantası. Le docteur olduğu için "du" olarak ifade edilir.

NOT: Bir şeyin neden, hangi malzemeden yapıldığını ifade ederken "en" edatı kullanılır.

ÖRNEK: Une chemise en soie: İpek gömlek (ipekten yapılmış gömlek)

Un collier en or. Altın kolye.

YER ZARFLARI VE İFADELERİ:

Ici: Buraya, Burada, Burası Viens ici! Buraya gel!

Là-bas: Orada, Oraya Je vais là-bas. Oraya gidiyorum.

Dedans: İçinde, İç, İçeride J'ai vu un chien dedans.

İçeride bir köpek gördüm.

Devant: Önde, Önünde. Il marche devant. O önde yürüyor.

Derrière: Arkasında: Il est resté derrière. O arkada kaldı.

En haut: Yukarıya, Yukarıda. Le bureau du directeur est en haut. Müdürün odası yukarıdadır.

En bas: Aşağıda, Aşağıya. la boîte de nuit est en bas. Diskotek aşağıdadır.

Partout: Her yerde. Il y a partout des pompiers. Her yerde itfaiyeciler var.

Y: Oraya, Orada Vas-tu à Paris? Oui j'y vais. Paris'e gidiyor musun? Evet, oraya gidiyorum.

En: ....den, dan. Viens-tu de Mersin? Oui j'en viens. Mersin'den mi geliyorsun? Evet oradan geliyorum.

Dehors: Dışarıda, Dışarıya. Il est sorti dehors. O dışarıya çıktı.

BAĞLAÇLAR:
Et (e okunur): Ve

Ali et Aykut vont à la plage. Ali ve Aykut plaja gidiyorlar.

Mais (me): Ama, fakat

Je veux le faire, mais je n'ai pas d'argent. Yapmak istiyorum ama param yok.

NOT: Avoir fiilinin, yukarıdaki örnekte görüldüğü gibi, olumsuz yapılınca "de" aldığını unutmayalım.

Ou (u): Ya da

Je vais prendre un café ou un thé.

Kahve ya da çay içeceğim.

Ou bien (u bien): Ya da, Yahut

On a perdu mes bagages ou bien ils les ont mis dans un autre avion.

Bagajlarım kayboldu yahut başka bir uçağa yüklendi.

Donc (donk): O halde

Tu as de la fievre donc tu es malade. Ateşin var o zaman hastasın.

Ne ... ni (nö...ni): Ne...ne de

Il ne mange ni la viande ni les légumes. Ne et yer ne de sebze.

Car (kar): Zira, için

Il est maigre car il ne mange pas beaucoup. Zayıf çünkü çok yemek yemiyor.

Que (kö): -Ki, -dığı

Je crois qu'il viendra demain
İnanıyorum ki (sanıyorum ki) o yarın gelecek
Pour que (pur kö): ...sin diye, ...si için
L'enfant pleure pour que son père lui achète un vélo.
Çocuk, babası bisiklet alsın diye ağlıyor.

Pendant que (pandan kö): İken

Ils sont entrés pendant que nous dormions. Biz uyurken içeri girdiler.

Quand (kan): Ne zaman ki, ne zaman Je pars quand tu arrives.

Sen geldiğinde ben ayrılırım.

Lorsque (lorsk): -dığı zaman, ne zaman ki Je marchais lorsque tu m'as téléphoné.

Aradığında yürüyordum.

Depuis que (döpüi kö): -Den beri

Je le vois beaucoup plus souvent depuis que sa femme
est partie.

Eşi gittiğinden beri onu daha sık görüyorum.

Parce que (pars kö): Çünkü, zira Il est parti parce qu'il a
peur.

Gitti, zira korkuyor.

Comme (kom): Gibi, kadar, aşağı yukarı Elle est blanche
comme la neige

O, kar gibi beyaz

Aussi (osi): de, da, dahi, kadar Moi aussi (mua osi)

Ben de (öyle)

KOŞUL İFADESİ:

F ransızca'da koşul anlamında kullanılan "si" ifadesi eğer anlamına gelir ve cümlenin başında kullanılır.

ÖRNEKLER:

S'il fait chaud demain matin, les enfants vont aller à la piscine.

Eğer yarın hava sıcak olursa, çocuklar havuza gidecekler.

NOT: Yukarıdaki örnekte olduğu gibi "si" ile "il" yan yana gelince **"S'il"** şeklinde birleşik halde ifade edilir.

Tu réussiras, si tu étudies beaucoup. Eğer çok çalışırsan başarırsın.

Si je suis en retard, attends-moi! Geç kalırsam beni bekle!

FRANSIZCA'DA ÜLKELERİN SÖYLENİŞİ:

İstisnalar hariç sonu e ile biten ülkeler feminendir ve başında artikl olarak "la" bulunur:

La Belgique, LaTurquie, La Chine gibi... Diğer ülkeler "le" ile ifade edilir.

Le Japon, Le Pérou, Le Liban gibi...

Il habite en France.

(O , Fransa'da yaşıyor.)

Elle voyage souvent en Italie.

(O , sık sık İtalya'ya seyahat eder.)

La Russie est un très grand pays.

(Rusya çok büyük bir ülkedir.)

Je veux aller aux États-Unis.

(Amerika Birleşik Devletleri'ne gitmek istiyorum.)

NOT: Les États-Unis, çoğul bir ifade olup "lezeta züni) şeklinde telaffuz edilir.

Le Canada est froid en hiver.

(K ^{anada kışın soğuktur.})

Le Mexique est connu pour sa cuisine.

(Meksika mutfağıyla ünlüdür.)

Pierre va en Allemagne.

P ierre Almanya'ya gidiyor.

ÖNEMLİ NOT: ÜLKE ISMI söylerken ismin −e,-a,-de,-da hali; sonu e ile biten ülkelerde "en" ifadesi kullanılır.

Yukarıda Almanya örneğinde olduğu gibi. Diğer ülkeler "au" ile ifade edilir. Tek istisnai durum Le Chypre (Kıbrıs) ve Le Mexique (Meksika) gibi ülkelerde ortaya

çıkar. Sonları e ile bitmelerine rağmen başlarındaki artikl "le" dür.

EN SIK KULLANILAN ZIT ANLAMLI KELİMELER:

G rand (gran) :Büyük Petit (pöti) : Küçük Jeune (jön) : Genç Vieux (viyö): Yaşlı Maigre (megr) : Zayıf Gros (gro): Şişman

En haut (an o) : Yukarıda En bas (an ba): Aşağıda Question (kesiyon) : Soru Réponse (reponz):Yanıt

Froid (frua) : Soğuk Chaud (şo) : Sıcak

Clair (kler) : Aydınlık Foncé (fonse) : Karanlık Mauvais (move) : Kötü Bon (bon) : İyi

Seul (söl) : Yalnız Ensemble (ansambl) : Birlikte Mouillé (muiyye) : Islak Sec (sek) :Kuru

Avec (avek) : İle, Beraber Sans (san) :Olmadan

ÖRNEK: Je vais au cinéma avec Fatma. Sinemaya Fatma ile gidiyorum.

Je vais aller à Paris sans toi. Paris'e sensiz (sen olmadan) gideceğim.

VAR veya YOK İFADELERİ:

I l y a / Il n'y a pas (Var/Yok)
Var anlamlarında kullanılan **Il y a** çoğul ve tekil durumda aynı şekildedir. **Il y a** belirsiz artikl ve ad takip eder.

Il y a un chat dans la voiture. Arabada bir kedi var.

Il y a des enfants là-bas. Orada bazı çocuklar var.

Il y a quelqu'un à la porte. Kapıda biri var.

Olumsuz durumda **y** önüne **ne** (**y** önünde **n'** olur)

ve **a** sonrasına **pas** konulur. Belirsiz artikl olumsuzluğa bağlı olarak **de** alır.

Il **n'**y a **pas** de chat dans la voiture.	Arabada bir kedi yok.
Il **n'**y a **pas** d'enfants là-bas.	Orada bazı çocuklar yok.

Soru sormak için, ya "**est-ce que**" ya da yer değişimi kullanılır. **est-ce que** kullanılırken, **que** "il" önünde **qu'** olur.

Est-ce qu'il y a un chien?   Bir köpek var mı?

(Es kil ya....okunur)

Est-ce qu'il y a des enfants ?   Çocuklar var mı?

Değişim durumunda "y" öne alınır, **il** ve **a** yer değiştirir. İki sesli yan yana geldiği için **t** araya gelir.

Y a-t-il une maison? Bir ev var mı?

EN SIK KULLANILAN FİİLER:

Faire: Yapmak Permettre : İzin vemek
   Mettre : Yerleştirmek, takmak Voir : Görmek
Envoyer : Göndermek
Transmettre : Geçirmek, ulaştırmak Attendre : Beklemek
Courir : Koşmak
Plaire : Memnun olmak, Hoşuna gitmek Tenir : Tutmak

Suivre : İzlemek
Recevoir : Almak (mektup) Connaître : Tanımak

Croire : İnanmak
Travailler : Çalışmak Aimer : Sevmek
Rire : Gülmek
Répondre: Cevap vermek Souhaiter : Dilemek
Boire : İçmek Réussir: Başarmak
Penser: Düşünmek Essayer: Denemek Jouer: Oynamak Vivre: Yaşamak

Falloir: Gerekmek, lazım olmak Örnek: Il faut manger: yemek gerekir

Lire: Okumak Donner: Vermek

Hésiter: Tereddüt etmek Rendre : Geri vermek
Dormir: Uyumak Entendre: Duymak

Paraître: Görünmek, gibi görünmek Continuer: Devam etmek
Revenir : Dönüp gelmek, geri gelmek Servir: Hizmet etmek
Perdre: Kaybetmek
Payer: Ödemek

Grandir: Büyümek

Réfléchir: Düşünmek

Prévoir: Önceden görmek (tahmin etmek)

Conduire: Araba sürmek, klavuzluk etmek, yönetmek
Vendre: Satmak

Ecouter: Dinlemek Commencer: Başlamak Ouvrir:
Açmak

Manquer: Eksik olmak, bulunmamak Oublier: Unutmak

Se rappeler : Hatırlamak (Çift zamirli fiil olduğundan
başında "se" vardır.)

YİYECEK VE İÇECEKLE İLGİLİ KELİMELER:

La **nourriture** yiyecek (okunuşu: la nuritür)

    La boisson içecek içki, meşrubat (okunuşu: la buason)

    le repas yemek (öğün) (okunuşu: lö röpa)

    le pain ekmek

    les pâtes makarna

    le riz pirinç

la pomme de tere patates
les légumes sebze(ler)
les fruits meyveler

la viande et

La salade salata **la pomme** elma **la banane** muz **l'orange** portakal **le citron** limon **la soupe** çorba **l'œuf** yumurta **le fromage** peynir **le poulet** tavuk eti **le porc** domuz eti

le boeuf kırmızı et
le poisson balık eti
des frites kızarmış patates
des chips cips
l'eau su
le café kahve; kafe
le thé çay
la bière bira **le vin** şarap **le lait** süt
le jus meyve suyu
la sauce sos
le beurre tereyağ

OTELCİLİKTE SIK KULLANILAN TERİMLER:

La réception: Resepsiyon, karşılama alanı.

le réceptionniste (= personne chargée de l'accueil) : Karşılama görevlisi, resepsiyonist

La femme de chambre = La femme de ménage : Oda temizliği görevlisi kadın

La chambre à un lit = chambre simple: Tek yataklı oda chambre à deux lits = chambre double:İki yataklı oda le lit pliant: Katlanabilir (taşınabilir) yatak

la climatisation: Klima

chambre non fumeurs: Sigara içilmeyen oda

le coffre-fort: Çelik kasa (okunuşu: lö kofr for) le blanchissage: Çamaşır yıkama

le parking: Park hizmeti

la salle de conférences: Konferans salonu la salle de congrès: Kongre salonu

la nuitée = prix de la nuit: Geceleme Fiyatı

Régler la note: Hesabı ödemek (okunuşu: Regle la not) avec vue sur... : ... manzaralı oda

avec balcon: Balkonlu sans balcon: Balkonsuz

FRANSIZCA OTEL RESEPSİYON DİYALOGLARI
À la réception (Resepsiyonda)

— Bonjour Monsieur, bienvenue à l'Hôtel Naran. Vous avez une réservation?

(Merhaba Beyefendi, Naran Otel'e hoş geldiniz. Rezervasyonunuz var mı?)

– Oui, bonjour. J'ai réservé une chambre double au nom de Turan.

(Evet, merhaba. Turan adına çift kişilik bir oda ayırttım)

– Très bien, un instant s'il vous plaît... Oui, je l'ai trouvé. Vous avez réservé pour trois nuits, du 15 au 18 septembre, c'est bien cela?

(Tamam, bir saniye lütfen... Evet, buldum. 15-18 Eylül tarihleri arasında üç gece için rezervasyon yaptırdınız, doğru mu?)

– Oui, exactement. Est-ce que le petit-déjeuner est inclus?

(Evet, aynen öyle. Kahvaltı dahil mi?)

– Oui, le petit-déjeuner buffet est inclus dans le prix de la chambre. Il est servi de 7h à 10h.

(Evet, açık büfe kahvaltı oda fiyatına dahildir. Kahvaltı saat 7:00 ile 10:00 arasında servis edilmektedir)

– Parfait. Est-ce qu'il y a le Wi-Fi dans la chambre?

(Mükemmel. Odada Wi-Fi var mı?)

– Bien sûr, le Wi-Fi est gratuit et illimité dans tout l'hôtel. Voici le code d'accès.

(Elbette, Wi-Fi tüm otelde ücretsiz ve sınırsızdır. İşte erişim kodu.)

– Merci beaucoup. Est-ce que je peux avoir une chambre calme, si possible?

(Çok teşekkür ederim. Mümkünse sessiz bir oda alabilir miyim?)

– Bien sûr, nous allons vous donner une chambre au cinquième étage, côté jardin.

(Elbette, size beşinci katta, bahçe tarafında bir oda vereceğiz.)

– Super, c'est parfait. Est-ce que vous pouvez aussi me réveiller demain à 7 heures?

(Harika, mükemmel. Yarın sabah 7'de beni uyandırabilir misiniz?)

– Bien sûr, je vais noter un appel de réveil à 7h.

(Tabii, saat 7'de uyandırma çağrı notunu alacağım)

– Merci. Ah, dernière question: Est-ce qu'il y a un restaurant près de l'hôtel?

(Teşekkürler. Ah, son bir soru: Otelin yakınında restoran var mı?)

– Oui, il y en a plusieurs à cinq minutes à pied. Je peux vous recommander un très bon restaurant français.

(Evet, beş dakikalık yürüme mesafesinde birkaç tane var. Size çok iyi bir Fransız restoranı tavsiye edebilirim.)

– Merci pour l'information.

(Bilgilendirme için teşekkür ederim)

– Voici la clé de votre chambre, numéro 512. L'ascenseur est à gauche. Bon séjour, Monsieur!

(İşte odanızın anahtarı, 512 numara. Asansör sol tarafta. İyi konaklamalar, efendim!)

– Merci beaucoup. Bonne journée !

(Çok teşekkür ederim. İyi günler!)

FRANSIZCADA EN SIK KULLANILAN KISALTMALAR:

Q **qn** : quelqu'un (biri) (Okunuşu: kelken)

qqch. : quelque chose (bir şey) (Okunuşu: kelkö şoz)

n. : nom (ad)

m. : masculin (eril)

f. : féminin (dişil) **adj.** : adjectif (sıfat) **adv.** : adverbe (zarf)

pl. : pluriel (çoğul)

Özellikle sözlükten bir kelime veya terim araştırıldığında karşımıza çıkar. Örneğin elmanın Fransızca karşılığını öğrenmek için baktığımızda "Pomme" kelimesi (f.) kısaltmasıyla ifade edilir. Bu noktada, kelimenin féminin (dişil) olduğu ve başına "la" artikli aldığı belirtilmek istenmektedir.

FRANSIZCA TEST - 50 SORU

1. 'Bonjour' ne demektir?

A) Hoşça kal

B) Merhaba

C) Teşekkürler

D) Lütfen

E) Güle güle

2. Fransızca'da '5' in karşılığı hangisidir?

A) un

B) trois

C) cinq

D) six

E) sept

3. 'Noir' hangi renktir?

A) Beyaz

B) Siyah

C) Kırmızı

D) Mavi

E) Yeşil

4. 'Merci beaucoup' ne anlama gelir?

A) Çok teşekkür ederim

B) Günaydın

C) Hoş geldiniz

D) Lütfen

E) Hoşça kal

5. 'Comment ça va?' sorusuna en uygun cevap hangisidir?

A) Je m'appelle

B) Ça va bien

C) Bonjour

D) Merci

E) Au revoir

6. 'Une pomme' ne demektir?

A) Bir elma

B) Bir portakal

C) Bir muz

D) Bir üzüm

E) Bir armut

7. 'Bleu' hangi renktir?

A) Kırmızı

B) Yeşil

C) Mavi

D) Sarı

E) Siyah

8. Fransızca'da '9' hangi rakamdır?

A) huit

B) neuf

C) dix

D) onze

E) douze

9. 'Bonsoir' hangi saatlerde söylenir?

A) Sabah

B) Öğlen

C) Akşam

D) Gece

E) Her zaman

10. 'Au revoir' ne demektir?

A) Merhaba

B) Evet

C) Hoşça kal

D) Teşekkürler

E) Hayır

11. 'Je ___ étudiant.' (être)

A) suis

B) es

C) est

D) sommes

E) êtes

12. 'Nous ___ un livre.' (avoir)

A) ai

B) as

C) a

D) avons

E) avez

13. 'Tu ___ au marché.' (aller)

A) vais

B) vas

C) va

D) allons

E) allez

14. Hangisi doğru tanımlıktır?

A) la chat

B) le table

C) la maison

D) les chien

E) un amie

15. 'Ils ___ contents.' (être)

A) suis

B) es

C) est

D) sommes

E) sont

16. 'Vous ___ deux stylos.' (avoir)

A) ai

B) as

C) a

D) avez

E) ont

17. 'Je ___ à Paris demain.' (aller)

A) vais

B) vas

C) va

D) allons

E) allez

18. 'Elle ___ une voiture.' (avoir)

A) ai

B) as

C) a

D) avons

E) avez

19. 'Nous ___ fatigués.' (être)
A) suis
B) es
C) est
D) sommes
E) êtes

20. 'Tu ___ mon ami.' (être)
A) suis
B) es
C) est
D) sommes
E) êtes

21. 'Parler' fiilinin 1. tekil (je) présent çekimi nedir?
A) parle
B) parles
C) parlons
D) parlez
E) parlent

22. 'Finir' fiilinin 3. tekil (il) présent çekimi nedir?
A) finis
B) finit
C) finissons
D) finissez
E) finissent

23. 'Vendre' fiilinin 1. çoğul (nous) présent çekimi nedir?
A) vend
B) vends
C) vendons
D) vendez
E) vendent

24. 'Aller' fiilinin 2. çoğul (vous) présent çekimi nedir?

A) vais

B) vas

C) va

D) allons

E) allez

25. 'Faire' fiilinin 1. tekil (je) présent çekimi nedir?

A) fais

B) fait

C) faisons

D) faites

E) font

26. 'Prendre' fiilinin 3. çoğul (ils) présent çekimi nedir?

A) prend

B) prends

C) prenons

D) prenez

E) prennent

27. 'Vouloir' fiilinin 2. tekil (tu) présent çekimi nedir?

A) veux

B) veut

C) voulons

D) voulez

E) veulent

28. 'Pouvoir' fiilinin 3. tekil (il) présent çekimi nedir?

A) peux

B) peut

C) pouvons

D) pouvez

E) peuvent

29. 'Devoir' fiilinin 1. çoğul (nous) présent çekimi nedir?

A) dois

B) doit

C) devons

D) devez

E) doivent

30. 'Venir' fiilinin 2. çoğul (vous) présent çekimi nedir?

A) viens

B) vient

C) venons

D) venez

E) viennent

31. Hier, j'___ au cinéma. (aller – passé composé)

A) vais

B) allais

C) suis allé

D) allions

E) alliez

32. Quand j'étais petit, je ___ du vélo. (faire – imparfait)

A) fais

B) ai fait

C) faisais

D) faisons

E) fait

33. Demain, nous ___ au marché. (aller – futur proche)

A) allons

B) irons

C) allions

D) allé

E) sommes allé

34. Je ____ mes devoirs hier soir. (faire – passé composé)

A) fais

B) ai fait

C) faisais

D) faisons

E) fait

35. Il ____ toujours heureux quand il était jeune. (être – imparfait)

A) suis

B) étais

C) était

D) sommes

E) sont

36. Nous ____ étudier demain. (aller – futur proche)

A) allons

B) irons

C) allions

D) allé

E) sommes allé

37. Vous ____ déjà visité Paris ? (passé composé)

A) avez

B) êtes

C) avons

D) ont

E) sont

38. Ils ____ souvent au parc quand ils étaient enfants. (aller – imparfait)

A) vont

B) allaient

C) sont allés

D) allons

E) iraient

39. Je ___ malade la semaine dernière. (être – passé composé)

A) suis

B) ai été

C) étais

D) sommes

E) étaient

40. Elles ___ bientôt partir. (aller – futur proche)

A) vont

B) iraient

C) allaient

D) étaient

E) sont

41. Hangisi doğru bir cümledir?

A) Je suis allé hier demain.

B) Il va manger à la cantine.

C) Nous choisissons demain passé.

D) J'ai être heureux.

E) Vous allons aller hier.

42. 'Si j'avais le temps, je ___ voyager.' (conditionnel)

A) vais

B) allais

C) irais

D) irai

E) aller

43. 'Quand il fera beau, nous ___ au parc.' (futur simple)

A) allons

B) allait

C) allions

D) irons

E) allez

44. 'Il ____ parler français et anglais.' (pouvoir – présent)

A) peux

B) peut

C) pouvons

D) pouvez

E) peuvent

45. 'Elle ____ venue hier.' (être – passé composé, féminin)

A) suis

B) es

C) est

D) sommes

E) êtes

46. 'Je ne veux pas ____ café.'

A) un

B) le

C) du

D) de

E) des

47. '____ as-tu vu hier ?' (zamir)

A) Qui

B) Que

C) Où

D) Quand

E) Comment

48. 'Il travaille beaucoup ____ il est fatigué.' (bağlaç)

A) parce que

B) mais

C) donc

D) alors

E) puis

49. 'Nous ___ contents de te voir.'

A) sommes

B) êtes

C) sont

D) es

E) étais

50. 'Elles ___ leurs devoirs déjà.' (avoir – passé composé)

A) a

B) ai

C) avons

D) avez

E) ont

Cevap Anahtarı:

1. B

2. C

3. B

4. A

5. B

6. A

7. C

8. B

9. C

10. C

11. A

12. D

13. B

14. C

15. E

16. D

17. A

18. C

19. D

20. B

21. A

22. B

23. C

 SULEYMAN TURAN

24. E
25. A
26. E
27. A
28. B
29. C
30. D
31. C
32. C
33. A
34. B
35. C
36. A
37. A
38. B
39. B
40. A
41. B
42. C
43. D
44. B
45. C
46. D
47. A
48. C
49. A
50. E

Don't miss out!

Visit the website below and you can sign up to receive emails whenever Suleyman Turan publishes a new book. There's no charge and no obligation.

https://books2read.com/r/B-A-FAJX-FVRGC

BOOKS2READ

Connecting independent readers to independent writers.

Also by Suleyman Turan

Yanılsamalar
Fransızca Öğrenmeyi Seviyorum
İngilizce Öğrenmeyi Seviyorum
99 Hayat Dersi
Ne Yapmalı?
Yanılsamalar 2 (ABD Rusya Savaşı)
Illusion (Infinite Intelligence)
I Like Learning French
Kumar, Olasılık ve Matematik
Gizli Hazine ve On İki Kadın
Hakikate Sıkılan Kurşun: Kennedy Suikastı

About the Author

Suleyman Turan was born on 6th May 1976, in Tunceli. He graduated from Akdeniz university tourism faculty in 1999. He can speak Turkish, French, English and a little Italian. Turan wrote ten books about philosophy and politics.

Read more at https://www.facebook.com/deniz.turan.92505?mibextid=ZbWKwL.

About the Publisher

Suleyman Turan was born on 6th May 1976, in Tunceli. He graduated from Akdeniz university tourism faculty in 1999. He can speak Turkish, French, English and a little Italian. Turan wrote ten books about philosophy and politics.

Read more at https://suleyman-turan-eserleri.business.site/.